DISCOVER Luxembourg

DISCOVER LUXEMBOURG

ISBN 2-87954-059-2

Rédaction: Rob Kieffer

Photos: Guy Hoffmann

Layout: Marc Angel

Edition 2/2003

Editions Guy Binsfeld
  14, place du Parc
  L-2313 Luxembourg
  Tél: (352) 49 68 68-1
  Fax: (352) 40 76 09
  e-mail: editions@binsfeld.lu
  http://www.binsfeld.lu

découvrir
Luxembourg
DISCOVER
entdecken

PHOTOS BY GUY HOFFMANN

Editions Guy Binsfeld

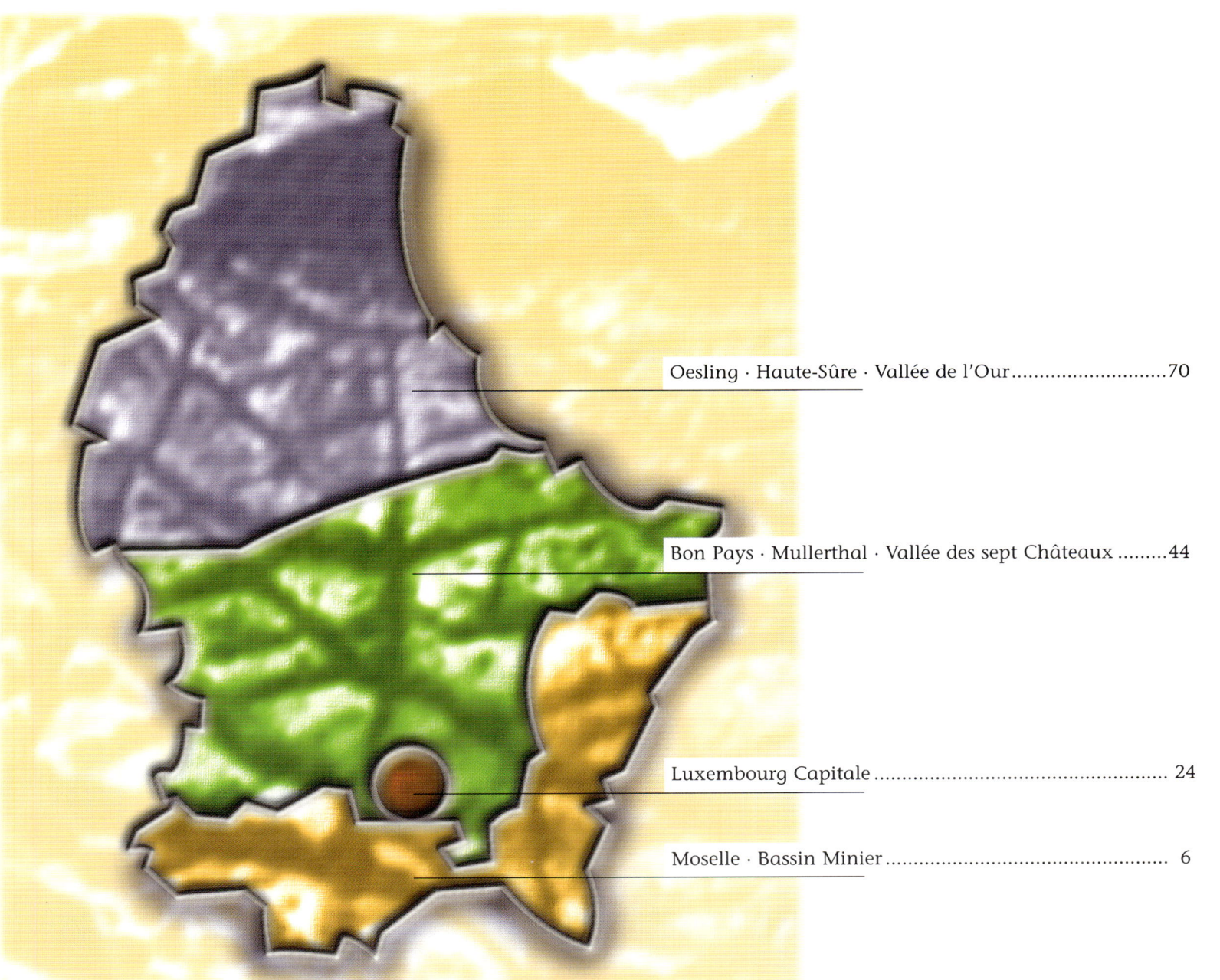

Oesling · Haute-Sûre · Vallée de l'Our 70

Bon Pays · Mullerthal · Vallée des sept Châteaux 44

Luxembourg Capitale 24

Moselle · Bassin Minier 6

*Moselle
Bassin
Minier*

VIGNOBLES EN PENTE DOUCE ET ROCHES FERRUGINEUSES CREVASSÉES

Est-ce l'influence du vin qui pousse sur les pentes doucement ondulées? Ou bien est-ce le climat gâté de soleil et dépassant en moyenne de quelques degrés les autres régions du Grand-Duché? En tout cas, les habitants de cette région qu'on appelle la Moselle luxembourgeoise, ont la réputation de ne rater aucune occasion de faire la fête. A ce qu'il paraît, leur caractère porte des traits méridionaux, en tout cas pour ce qu'il en est de la gaieté de cœur.

La sensualité méditerranéenne de cette contrée remonte à l'époque des Romains. Ce furent eux qui plantèrent les premières vignes sur les berges de la Moselle et y construisirent de merveilleuses villas. Les sucs envoûtants des plants jadis importés par les légions de César se dégustent tout au long de la Route du vin luxembourgeoise. Sur une longueur de 39 kilomètres, de Schengen au sud à Wasserbillig au nord, s'enfilent de charmants villages vignerons aux ruelles étroites revêtues

...

Remerschen

SANFTE REBHÄNGE UND ZERKLÜFTETE EISENERZFELSEN

Ist es der Einfluß des Weines, der an den sanft gewellten Hängen gedeiht? Oder ist es das sonnenverwöhnte Klima, das im Jahresdurchschnitt um einige Grad wärmer ist als in den anderen Regionen des Großherzogtums? Jedenfalls sagt man den Bewohnern der luxemburgischen Mosel-Gegend nach, daß sie keine Gelegenheit zum Feiern verpassen und daß ihr Charakter von südländischer Heiterkeit geprägt ist.

Die mediterrane Sinnlichkeit dieses Landstriches geht auf die Römer zurück, die am Ufer der Mosel die ersten Reben pflanzten und prachtvolle Villen errichteten. Die beschwingenden Säfte der einst von Cäsars Legionen importierten Gewächse kann man an der Luxemburger Weinstraße kosten. Auf 39 Kilometern, von Schengen im Süden bis nach Wasserbillig im Norden, reihen sich heimelige Winzerdörfer mit engen Kopfsteinpflastergassen aneinander. In schummrigen

...

GENTLY ROLLING VINEYARDS AND DEEPLY FISSURED IRON-ORE ROCKS

Is it the influence of the wine, which flourishes on the gently rolling slopes? Or is it the sunny climate, which on annual average is a degree or so warmer than in other parts of the Grand Duchy? In either case it is said of the inhabitants of the Luxembourg Moselle region that they never miss an opportunity to celebrate, and that their character is marked by an almost Latin exuberance.

The Mediterranean nature of this stretch of land goes back to the Romans, who planted the first vines on the banks of the River Moselle, and built their splendid villas. The exhilarating juices which flow from these plants once imported here by Caesar's legions can be tasted all along the Luxembourg Wine Road. For 39 kilometres, from Schengen in the south to Wasserbillig in the north, nestle a string of cosy wine-growers' villages with their narrow cobbled alleys. In dim-lit wine cellars or at boisterous festivals, in the

...

Découvrir · discover · LUXEMBOURG · entdecken

...
de pavage. Que ce soit dans le demi-jour des caves ou à l'occasion de fêtes exubérantes, que l'on visite le Musée du vin d'Ehnen ou encore le Musée du vin et du folklore "A Possen" de Bech-Kleinmacher: Riesling, Auxerrois, Rivaner, Elbling, Pinot Blanc, Pinot Gris, Pinot Noir, ... tous les vins y sont – et les Crémants de pétiller à souhait.

Il s'en était fallu de peu: la Moselle et le bassin minier, pourtant situé plus à l'ouest, avaient été sur le point de sensiblement se rapprocher. En effet, au début du 20ième siècle, des industriels ingénieux avaient l'intention de creuser un canal latéral pour relier le fleuve à leurs usines. Ainsi, ils auraient pu acheminer directement par voie d'eau les matières premières vers leurs aciéries et en ramener les produits métallurgiques finis. Mais le projet disparut au fond d'un tiroir et les hauts fourneaux de la région de la Minette continuèrent à se faire livrer par rail ou par route. L'époque en question, lors de laquelle les cheminées fumantes des aciéries symbolisaient la richesse du pays, est bien révolue. Le dernier haut fourneau du pays s'est éteint en 1997 – le processus de production est désormais entièrement électrique.
...

Wormeldange

...

Winzerkellern, auf ausgelassenen Festen, im Weinmuseun in Ehnen oder im Wein- und Folkloremuseum "A Possen" in Bech-Kleinmacher werden die verschiedenen Weinsorten kredenzt: Riesling, Auxerrois, Rivaner, Elbling, Pinot Noir ... oder einer der spritzigen "Crémant"-Sekte.

Fast wären die Mosel und das weiter westlich gelegene Minette-Becken noch näher aneinandergerückt. Findige Industrielle wollten Anfang des zwanzigsten Jahrhunderts einen Seitenkanal graben, um die Hüttenwerke via den Fluß mit Rohstoffen zu versorgen und die fertigen Eisenprodukte abzutransportieren. Das Projekt verschwand jedoch in der Schublade, und die Hochöfen der Minette-Gegend wurden weiterhin über Schiene und Straße beliefert. Diese prosperierende Ära, als die rauchenden Schlote der Stahlwerke den Reichtum des Landes symbolisierten, ist längst passé. In Luxemburg wurde 1997 der letzte Hochofen stillgelegt. Im Gegenzug wurde ganz auf Elektrostahl umgesattelt.

...

Wine Museum in Ehnen or the "A Possen" Folklore Museum in Bech-Kleinmacher, the different varieties are proffered for man's delectation: Riesling, Auxerrois, Rivaner, Elbling, Pinot Blanc, Pinot Gris, Pinot Noir, or a sparkling champagne-method "Crémant".

The Moselle and the more westerly Minette basin were nearly brought closer than they are today. At the beginning of the 20th century, resourceful industrialists wanted to excavate a canal, to supply the steelworks with raw materials via the river and to transport the finished products to their end user in the reverse direction. The project was shelved, however, and the blast furnaces of the Minette region continued to be fed via rail and road. This prosperous period, when the belching smokestacks of the steelworks symbolised the wealth of the country, is a thing of the past. The last furnace in Luxembourg was silenced in 1997, and the switch was turned to electric steel production.

...

Ehnen

Remich

...

La région de la Minette, appelée ainsi en raison du minerai qui y fut jadis extrait, abrite des vestiges fascinants d'une ancienne activité industrielle: le Musée des mines de Rumelange, le musée en plein air au Fond-de-Gras avec ses trains à vapeur historiques ou encore les façades art nouveau des maisons construites à Esch-sur-Alzette par de riches industriels ou des commerçants aisés. Les sites des usines métallurgiques d'antan se font salles pour concerts de rock, rendez-vous culturels ou lieux de villégiature.

Le charme brut des paysages de la Minette attire également les amateurs de faune et de flore. Sur la friche des mines à ciel ouvert, définitivement au repos, poussent des orchidées, et des papillons rares voltigent au-dessus des éboulements rouge brun. Des sentiers-découverte de la nature tels le "Giele Botter" près de Niederkorn sont de vrais havres de paix et de détente.

Oberdonven

In der Minette-Region, benannt nach dem einst dort geförderten Eisenerzgestein, findet man faszinierende Zeugnisse früherer Industrietätigkeit: das Bergbaumuseum in Rümelingen, das Freilichtmuseum im Fond-de-Gras mit der alten Dampfbahn oder die von wohlhabenden Industriellen und Geschäftsleuten errichteten Jugendstilfassaden in Esch-Alzette. Auf den Geländen der Stahlfabriken entstehen Rockhallen, Freizeiteinrichtungen und Kulturtreffs.

Freunde von Flora und Fauna finden sich ebenfalls vom rauhen Reiz der Minette-Landschaft angezogen. Dort wo der Tagebau endgültig ruht, breiten sich Orchideen aus und seltene Schmetterlinge umschwirren das rötlich-braune Geröll. Naturpfade wie der "Giele Botter" bei Niederkorn sind zu wahren Refugien der Ruhe und Entspannung geworden.

In the Minette region, named after the iron-ore bearing rocks once so busily mined there, fascinating testimony is to be found of former industrial activity: the Mining Museum in Rumelange, the Open-air Museum at Fond-de-Gras, with its old steam railway, or the Art Nouveau facades on the fine houses built by the wealthy industrialists and business folk of Esch-sur-Alzette. The sites of former steelworks are transformed into concert halls, cultural meeting places and leisure facilities.

Lovers of flora and fauna will also be drawn by the raw beauty of the Minette landscape. There, where the bustle of open-cast mining has at last been replaced by tranquillity, exotic species of orchid grow and rare butterflies flutter above the red-brown scree. Nature paths, like the "Giele Botter" near Niederkorn, have become havens of peace and relaxation.

Ehnen

Découvrir · discover · LUXEMBOURG · entdecken

Moselle · Bassin Minier

Moselle · Bassin Minier

Ahn

Découvrir · discover · LUXEMBOURG · entdecken

Moselle · Bassin Minier

Fond-de-Gras

Découvrir · discover · LUXEMBOURG · entdecken

Rumelange

Dudelange

Moselle · Bassin Minier

Esch-sur-Alzette

Découvrir · discover · LUXEMBOURG · entdecken

Rumelange

Schifflange

"Der neue Reichtum machte manchmal übermütig. Sogar der sonst so maßvolle, jedem patriotischen Gefühlsüberschwang abholde Dicks dichtete folgende Verse:
'Onst Ierz beschäftegt dausend Hänn,
Onst Ierz, onst Gold huet laang keen Enn'."

Carlo Hemmer
(1913 - 1988)

Moselle · Bassin Minier

Découvrir · discover · LUXEMBOURG · entdecken

Kayl

Moselle · Bassin Minier

Dudelange

PETITE VILLE
AU GRAND CHARME

Luxembourg Capitale

De mauvaises langues affirment que le secret bancaire des quelque 200 sociétés financières ayant élu domicile à Luxembourg serait aussi "imprenable" que les murs épais de plusieurs mètres de cet ancien "Gibraltar du Nord", forteresse élue patrimoine mondial par l'UNESCO. Il n'existe que peu de capitales européennes dont l'ambiance autant que la silhouette sont aussi riches en contrastes que celles de la première ville grand-ducale. Ici, les redoutables murs de défense moyenâgeux, là, les palaces modernes tout de verre et d'acier des institutions européennes et des banques. D'un côté, les vallées verdoyantes et calmes de l'Alzette et de la Pétrusse, de l'autre, le plateau du Kirchberg marqué par d'immenses bâtisses et des voies d'accès emmêlées. Et l'intimité des pâtisseries où l'on sert la tarte aux pruneaux maison de côtoyer la haute cuisine internationale des restaurants étoilés.

...

Mur de Wenceslas

KLEINE STADT MIT GROSSEM CHARME

Spötter behaupten, das Bankgeheimnis der rund 200 in Luxemburg ansässigen Finanzhäuser sei mindestens so solide wie die meterdicken, von der UNESCO gekürten Festungsmauern des einstigen "Gibraltar des Nordens". Es gibt nur wenige europäische Hauptstädte, deren Ambiente und Silhouette so kontrastreich sind wie diejenigen der großherzoglichen Kapitale. Hier die trutzigen mittelalterlichen Verteidigungsmauern, dort die modernen Glas- und Stahlpaläste der Europäischen Institutionen und der Banken. Hier die stillen, begrünten Täler von Alzette und Petruß, dort das von ineinander verknäulten Zufahrtsstraßen und modernen Megabauten geprägte Kirchberg-Plateau. Hier heimelige Konditoreien mit hausgemachter Zwetschgentorte, dort Sternen-Restaurants mit internationaler Gourmet-Küche.

...

SMALL CITY OF GREAT CHARM

Satirists maintain that banking secrecy in the 200 or so finance houses based in Luxembourg is at least as solid as the metre-thick and UNESCO-honoured fortress walls of the once aptly named "Gibraltar of the North". There are few European capitals where the atmosphere or the skyline are so full of contrast as those of the Capital of the Grand Duchy. Here the defiant medieval ramparts, and there the contemporary glass and steel palaces of the European Institutions and the Banks. Here the calm verdant valleys of the Rivers Alzette and Pétrusse, and there the bustling approach roads and the massive modern edifices of the Kirchberg Plateau. Here cosy cafés serving home-made plum tart, and there starred-studded restaurants presenting international gourmet cuisine.

...

Banque et Caisse d'Epargne de l'Etat, Pont Adolphe

Découvrir · discover · LUXEMBOURG · entdecken

Rue Large

•••

Le fait que la capitale luxembourgeoise – avec sa quote-part d'étrangers de 50% – est polyglotte et multiculturelle, provient d'influences externes séculaires. Tantôt les visiteurs venaient avec de bonnes intentions, tantôt – cas de figure le plus fréquent – ils voulaient tout simplement conquérir cette forteresse stratégiquement si bien située. A tour de rôle Bourguignons, Espagnols, Français, Autrichiens et Prussiens martelaient les bastions de leurs boulets de canon.

Mais les temps ont changé, Dieu merci. De nos jours, les ouvrages de guerre d'antan servent d'attractions touristiques. L'on peut explorer le labyrinthe des Casemates long de 17 kilomètres, flâner sur les remparts construits sous l'empereur Wenceslas ou faire un tour du côté des bastions signés Vauban, maître-constructeur ès forteresses. Mais les attractions sont loin de s'arrêter là. La capitale peut p.ex. se prévaloir de quelques musées remarquables: le Musée national d'histoire et d'art, le Musée d'histoire de la ville, le Musée national d'histoire naturelle, le Forum d'art contemporain situé dans l'ancien Casino municipal, le Musée de la Banque, le Musée des tramways et autobus ainsi que le Musée des P & T.

•••

Place d'Armes

•••

Daß die luxemburgische Hauptstadt mit einem Ausländeranteil von 50 Prozent polyglott und multikulturell ist, fußt auf jahrhundertelangen Einflüssen von außerhalb. Mal kamen die Besucher in friedlicher Absicht, mal — und das war öfter der Fall — wollten sie die strategisch günstig gelegene Festung ganz einfach unter ihr Zepter bekommen. Abwechselnd feuerten Burgunder, Spanier, Franzosen, Österreicher und Preußen ihre Kanonenkugeln gegen die Bollwerke.

Doch die Zeiten sind gottlob friedlicher geworden. Heute dienen die einstigen Kriegsbauten als Touristenattraktionen. Man kann das 17 Kilometer lange Kasemattenlabyrinth erforschen, über die unter Kaiser Wenzel errichteten Wehrmauern bummeln oder einen Rundgang zu den Bastionen von Festungsbaumeister Vauban unternehmen. Doch dies sind bei weitem nicht die einzigen Sehenswürdigkeiten. So kann die Hauptstadt mit einigen bemerkenswerten Museen auftrumpfen: das Nationalmuseum für Geschichte und Kunst, das Museum für Stadtgeschichte, das Nationalmuseum für Naturgeschichte, die Galerie für zeitgenössische Kunst im ehemaligen Bürgercasino, das Bankenmuseum, das Tram- und Busmuseum sowie das Post- und Fernmeldemuseum.

•••

The polyglot and multi-cultural nature of the Capital, with foreigners making up fifty per cent of its inhabitants, results from centuries of outside and occasionally malevolent influence. Sometimes visitors came with friendly intent, but more often than not they quite simply lusted after ruling the strategically located fortress. In stunning succession, the Burgundians, the Spanish, the French, the Austrians and the Prussians fired their artillery against its mighty bulwarks.

Fortunately, times have become more peaceful. Today the former military buildings serve as tourist attractions. Today's visitors can explore 17 kilometres of casemate labyrinth, they can stroll along the defensive walls built by Emperor Wenceslas, or tour the defiant bastions built by Vauban, the master military engineer. But these are far from being the only sights worth seeing. The City can boast many remarkable museums: the National Museum of History and Art, the Museum of History of the City of Luxembourg, the National Museum of Natural History, the Contemporary Art Gallery in the former citizens' "casino" (then a cultural place rather than a gaming hall), the Banking Museum, the Tram and Bus Museum, and the Post and Telecommunications Museum.

•••

Ville Haute

...

Et puis, pour les amateurs de vieilles légendes: de nuit, il serait possible d'apercevoir dans les flots de l'Alzette la femme-poisson Melusina, la gracieuse ondine qui aurait en son temps tourné la tête à ce pauvre comte Sigefroid. Le comte, pour sa part, n'est pas un personnage imaginaire, il a bien existé. En 963, il avait acquis le rocher du Bock sur lequel il fit ensuite construire un petit château fort, le "Lucilinburhuc". Comme quoi les origines de la ville de Luxembourg remontent à plus de 1000 ans, ce qui en fait l'une des plus respectables métropoles d'Europe.

•••

Ach ja, da wäre noch etwas für Freunde alter Legenden. In der Alzette soll man bisweilen zu nächtlicher Stunde das Fischweib Melusina erblicken. Die holde Nixe hatte einst dem Grafen Siegfried den Kopf verdreht. Der Graf ist indes keine Sagengestalt — ihn hat es wirklich gegeben. 963 erwarb er den Bockfelsen, auf dem er eine kleine Burg, die "Lucilinburhuc", bauen ließ. So kommt es, daß die Gründung der Stadt mehr als 1000 Jahre zurückreicht und Luxemburg eine der ehrwürdigsten Metropolen Europas ist.

•••

There is also a great deal for those who love a legend. It is said that on some nights it is possible to glimpse the mermaid Melusina, the fair water-nymph who once turned the head of Count Siegfried. The Count himself is no legend – he was very real. In the year 963 he acquired the Bock outcrop, upon which he built a small castle, the "Lucilinburhuc". So the City came to be founded more than 1,000 years ago, to become one of the most venerable metropolises in Europe.

Grund

Corniche

Vieille Ville

"Après le déjeuner, nous nous sommes promenés dans la ville que le démantèlement a fait magnifique. Rien de beau comme le précipice-fossé, ravin charmant et riant avec rivière, moulins et prairies, encaissé dans d'effroyables escarpements où reparaît la roche à pic cuirassé autrefois des raides murailles de Vauban (...) Après le dîner, je suis retourné voir les fossés. Ils étaient splendides au soleil; ils sont terribles au clair de lune"

Victor Hugo (1802 - 1885)

Luxembourg Capitale

"Schueberfouer"

Découvrir · discover · LUXEMBOURG · entdecken

Palais Grand-Ducal

Luxembourg Capitale

*Pont Adolphe,
Cathédrale*

Pont rouge, faubourgs

Luxembourg Capitale

Découvrir · discover · LUXEMBOURG · entdecken

Boulevard Royal

Plateau de Kirchberg

Luxembourg Capitale

Plateau de Kirchberg

Découvrir · discover · LUXEMBOURG · entdecken

Luxembourg Capitale

*Citadelle
du St-Esprit,
faubourgs*

Découvrir · discover · LUXEMBOURG · entdecken

Siège de l'ARBED

Luxembourg Capitale

"Casino – Forum d'art contemporain"

41

Découvrir · discover · LUXEMBOURG · entdecken

Grund

Luxembourg Capitale

Pfaffenthal

BOIS OMBRAGÉS ET DONJONS REDOUTABLES

*Bon Pays
Mullerthal
Vallée des sept
Châteaux*

Si l'Office national de tourisme luxembourgeois était obligé de limiter à un seul le nombre de motifs attrayants pour prospectus, le choix irait certainement au "Schießentümpel". Photographié à maintes reprises et visité un grand nombre de fois, cette chute d'eau surplombée d'un pittoresque pont de pierre arqué est l'une des principales attractions du Mullerthal. Cette région qui se situe à l'est du pays, est également désignée par "petite Suisse luxembourgeoise" en raison de ses formations rocheuses abruptes, ses forêts de feuillus ombragées et ses cours d'eau sinueux. Les habitants des plaines néerlandaises, en particulier, se sentent attirés par les "montagnes" luxembourgeoises qui, comparées aux polders des Pays-Bas, peuvent en effet prendre des dimensions alpines.

...

Marienthal

SCHATTIGE LAUBWÄLDER UND TRUTZIGE DONJONS

Müßte das luxemburgische Touristikamt die Veröffentlichung verlockender Prospektmotive auf ein einziges Sujet beschränken, so würde die Wahl mit Sicherheit auf den "Schießentümpel" fallen. Oft fotografiert und oft besucht, ist der Wasserfall mit seiner malerischen steinernen Bogenbrücke einer der Hauptanziehungspunkte des Müllerthals. Diese Gegend im Osten des Landes wird wegen ihrer steilen Felsformationen, schattigen Laubwälder und gewundenen Wasserläufe auch noch als "Kleine Luxemburger Schweiz" bezeichnet. Besonders niederländische Flachlandbewohner fühlen sich von den luxemburgischen "Bergen" geradezu magisch angezogen, da diese im Vergleich mit den holländischen Poldern geradezu alpine Ausmaße haben.

...

SHADY WOODLANDS AND DEFIANT FORTRESSES

Should the Luxembourg Tourist Office have to limit the publication of their enticing brochures to a single motif, the choice would undoubtedly fall on the "Schießentümpel". Visited and photographed by so many people, the waterfall and its picturesque stone arch are one of the most popular destinations in the Müllerthal. This region, in the east of the country, has been called "Luxembourg's Little Switzerland" for its steep rock formations, shady woods and winding streams. Those who live in the flat landscape of the Netherlands in particular, find the Luxembourg "mountains" almost magical, for in comparison with the Dutch polders they must seem practically Alpine.

...

Hagen

•••

La petite ville abbatiale d'Echternach, où Saint Willibrord évangélisait jadis, n'est pas moins fréquentée. Du 8ième au 11ième siècle, les moines y consacrèrent tout leur art à la rédaction de manuscrits et à la confection d'évangéliaires dont le plus connu, le "Codex Aureus Epternacensis", est aujourd'hui la propriété du Musée national de Nuremberg. La procession dansante d'Echternach, pendant laquelle les pèlerins avancent en sautillant, jouit d'une réputation qui dépasse de loin les frontières. En dépit de recherches approfondies, les historiens n'ont, à ce jour, pas été à même de déterminer si superstition ou vénération de Dieu sont à l'origine de cette procession unique en son genre.

•••

"Schießen-tümpel"

Nicht minder frequentiert ist das Abteistädtchen Echternach, in dem einst der Heilige Willibrord seine missionarische Tätigkeit entfaltete. Vom 8. bis zum 11. Jahrhundert entstanden in der Abtei kunstvolle Buchmanuskripte und Evangeliare, von denen das bekannteste der "Codex Aureus Epternacensis" ist, der sich im Besitz des Nationalmuseums Nürnberg befindet. Die Echternacher Springprozession, bei der sich die Pilger hüpfend fortbewegen, ist weit über die Grenzen bekannt. Trotz eifrigen Forschens haben die Historiker bisher noch nicht herausgefunden, ob denn nun Aberglaube oder Gottesverehrung zur Gründung dieser einmaligen Prozession führte.

No less popular is the abbey town of Echternach, where St. Willibrord launched his missionary activities. From the 8th until the 11th century, the abbey produced many splendid illuminated manuscripts and Gospels, one of the most famous being the "Codex Aureus Epternacensis", now in the possession of the National Museum in Nürnberg. The Echternach Spring Procession, in which visiting pilgrims progress through the streets in a rhythmic skipping dance, is well known outside the country. Despite fervent research, historians have been unable to discover whether superstition or worship are the foundation of this unique spectacle.

Mullerthal

En direction de l'ouest, le "Guttland" dénommé ainsi pour ses terres et champs fertiles, se mue progressivement en une région de forteresses et de châteaux. De telles bâtisses, dont les noms reviennent dans les légendes les plus diverses, se visitent à Larochette, Beaufort, Bourglinster, Koerich et Septfontaines. Les merlons et les créneaux des châteaux forts et châteaux comtaux dépassent les cimes des sapins de la Vallée des sept Châteaux. La famille grand-ducale, elle aussi, réside au "Guttland", à savoir dans un château majestueux de style néogothique situé à Colmar-Berg.

A l'ouest, non loin de la frontière belge, s'étendent les vallées creusées par Attert, Eisch et Mamer. D'autres endroits à visiter dans cette partie du "Guttland" sont le village des potiers de Nospelt, Useldange décoré du prix "Europa Nostra" pour la restauration exemplaire de son vieux centre ainsi que Beckerich tout autant restauré à son avantage.

•••

In westlicher Richtung entwickelt sich das "Guttland", so benannt wegen der ertragreichen Äcker und Felder, zu einer Region der Burgen und Schlösser. Die mit allerlei Legenden behafteten Bauten kann man in Fels, Befort, Burglinster, Koerich oder Simmern erkunden. Im "Tal der sieben Schlösser" lugen die Zinnen der Trutzburgen und Grafenschlösser geradezu über die Tannenwipfel hinweg. Auch die großherzogliche Familie hat ihre Residenz im "Guttland", nämlich in einem majestätischen, in Colmar-Berg gelegenen Schloß im neogotischen Stil.

Im Westen, unweit der belgischen Grenze, erstrecken sich die Flußtäler von Attert, Eisch und Mamer. Weitere Besuchsziele in diesem Teil des "Guttlandes" sind das Töpfer-Dorf Nospelt, Useldingen, welches wegen der mustergültigen Instandsetzung des Ortskerns mit dem "Europa-Nostra-Preis" ausgezeichnet wurde, und das nicht weniger vorteilhaft restaurierte Beckerich .

•••

West from here, the "Gutland", so named as a region of fertile fields and meadows, has developed into a realm of castles and chateaux. Rich in legend, such fine buildings can be found in Larochette, Beaufort, Bourglinster, Koerich and Simmern. In the "Valley of the Seven Castles", the battlements of fortresses and knights' castles peep defensively above the tops of pines. The Grand Duke also has his residence in the "Gutland", in a majestic neo-Gothic castle in Colmar-Berg.

Not far from the Belgian border, to the west of the region, stretch the valleys of the Rivers Attert, Eisch and Mamer. Other interesting places in this part of the "Gutland" include Nospelt, the village of potters, and Useldange which was awarded the "Europa-Nostra Prize" for the exemplary restoration of its village centre, and the no less thoughtfully restored village of Beckerich.

Bon Pays

Bourglinster

Beaufort

"Of all the countries I have visited, the Grand Duchy of Luxembourg is the smallest, but it is the one that has charmed me most and where the hospitality has been most simple and cordial."

Winston Churchill (1874 - 1965)
on his State visit in June 1946

Bon Pays · Mullerthal · Vallée des sept Châteaux

Berdorf

Découvrir · discover · LUXEMBOURG · entdecken

Berdorf

Bon Pays · Mullerthal · Vallée des sept Châteaux

Découvrir · discover · LUXEMBOURG · entdecken

Mersch

Moulin de Bissen

Découvrir · discover · LUXEMBOURG · entdecken

Bon Pays · Mullerthal · Vallée des sept Châteaux

Découvrir · discover · LUXEMBOURG · entdecken

Echternach

Bon Pays · Mullerthal · Vallée des sept Châteaux

Ansembourg

Découvrir · discover · LUXEMBOURG · entdecken

Larochette

Bon Pays · Mullerthal · Vallée des sept Châteaux

Vallée de la Syre

Bon Pays · Mullerthal · Vallée des sept Châteaux

Koerich

Découvrir · discover · LUXEMBOURG · entdecken

Bon Pays · Mullerthal · Vallée des sept Châteaux

Schweich

Découvrir · discover · LUXEMBOURG · entdecken

Calmus

Bon Pays · Mullerthal · Vallée des sept Châteaux

Septfontaines

Découvrir · discover · LUXEMBOURG · entdecken

Marienthal

Kapweiler

Hollenfels

VOILE TENDRE SUR PAYSAGE HIRSUTE

*Oesling
Haute-Sûre
Vallée de l'Our*

L'"Éislek" au nord du Luxembourg est un paysage dont on risque de tomber amoureux en dépit de son climat rébarbatif et capricieux. Les brumes matinales s'y répandent sur les collines aux forêts denses comme un doux voile. Et dans les villages calmes avec leurs fermes aux murs passés à la chaux, on prend encore son temps car on se sent bien loin de l'agitation des grandes villes. Au Parc naturel de la Haute-Sûre – dans son centre, la localité d'Esch-sur-Sûre – les gens récoltent des plantes médicinales, pratiquent l'élevage biologique de bovinés, brassent la bière en utilisant des céréales avec leur glume. Des sentiers thématiques mènent aussi bien à des moulins ou des chapelles qu'à des vestiges de la Seconde Guerre mondiale.

A l'instar de nombreux autres endroits du Grand-Duché, châteaux et châteaux forts témoignent d'une époque où conquêtes et incendies volontaires étaient à l'ordre du jour. Parmi les fortifications moyenâgeuses les plus impressionnantes figure sans conteste le château de Vianden. Et ce fut Victor Hugo en personne, exilé pour quelques mois dans cette petite ville non loin de la frontière germano-luxembourgeoise, qui rendit hommage dans son travail littéraire au promontoire couronné de la demeure seigneuriale.

...

Schüttburg

Oesling · Haute-Sûre · Vallée de l'Our

ZARTER SCHLEIER ÜBER BORSTIGER LANDSCHAFT

Das "Éislek", im Norden Luxemburgs gelegen, ist eine Landschaft, in die man sich trotz des borstigen, launischen Wetters nur allzu leicht verliebt. Über die hügelige, üppig bewaldete Landschaft breitet sich der Morgennebel wie ein zarter Schleier aus. In den stillen, behäbigen Dörfern mit ihren weißgekalkten Gehöften fühlt man sich fern aller Großstadt-Hektik. Im Naturpark Obersauer, in dessen Zentrum sich das Burgstädtchen Esch-Sauer befindet, werden Heilkräuter geerntet, biologisches Vieh gezüchtet, Bier aus Spelz gebraut und Themenpfade zu Mühlen, Kapellen und den Relikten der Ardennenoffensive ausgeschildert.

Wie an vielen Orten im Großherzogtum zeugen Burgen und Schlösser von Epochen der Eroberungen und Brandschatzungen. Eine der kolossalsten mittelalterlichen Wehranlagen ist die Schloßburg von Vianden. Kein geringerer als der französische Schriftsteller Victor Hugo, der in diesem Städtchen unweit der luxemburgisch-deutschen Grenze einige Exilmonate verbrachte, huldigte der auf einem Felsvorsprung thronenden Hofburg in seinen Werken.

...

A SOFT VEIL OF MIST ENVELOPES THE HILLTOPS

The "Oesling", in the north of Luxembourg, is a landscape which can all too easily captivate you, despite the capricious nature of its weather. The morning mist stretches as a soft veil over the rolling, richly wooded landscape. In the quiet comfortable villages, with their white-washed farmsteads, you feel a world away from the hustle and bustle of the Capital. In the Upper Sûre Natural Park, with the charming castle town of Esch-sur-Sûre at its centre, medicinal herbs are grown, organic beef produced, beer brewed from spelt, and theme paths signposted past mills, chapels and relics of the Ardennes Offensive.

As in many places around the Grand Duchy, castles and chateaux tell of the times of conquest and pillage. One of the most massive medieval fortress is Vianden Castle. The writer Victor Hugo, who spent some months of exile in the town over which the castle towers so majestically on the border with Germany, paid homage to this mighty edifice in his works.

...

•••

Non moins connu: le château de Clervaux qui abrite l'exposition de photographies "Family of Man" de l'artiste mondialement connu Edward Steichen, né à Luxembourg. Et c'est la ville de Wiltz qui, tous les ans à la Pentecôte, se met sens dessus dessous à l'occasion de sa fête du genêt ("Gënzefest") dont le corso fleuri attire des milliers de spectateurs. Et, en période estivale, il y a foule également lors du festival du théâtre et de musique en plein air qui se déroule essentiellement sur un imposant perron de style Renaissance dans le parc du château.

•••

Our

•••

Nicht weniger berühmt ist das Schloß von Clerf, das die Fotoausstellung "Family of Man" des weltbekannten, in Luxemburg geborenen Fotografen Edward Steichen beherbergt. Jedes Jahr an den Pfingstfeiertagen geht es in der Stadt Wiltz hoch her: Das "Gënzefest" (Ginsterfest) mit seinem Festumzug und seinem Blumenkorso zieht Tausende von Besuchern an. Vielbesucht sind auch die sommerlichen Theater- und Musikfestspiele, deren Schauplatz eine imposante Renaissance-Freitreppe im Schloßpark ist.

•••

•••

No less well known is the castle in Clervaux, which houses the world-famous exhibition of photographs, the "Family of Man", put together by the Luxembourg-born Edward Steichen. Each year at Whitsun, the town of Wiltz comes to life: the "Gënzefest" (Broom Festival) enchants thousands of visitors with its festive procession and flower cortège. The Summer Theatre and Music Festival is also well-attended, its stage being formed by the imposing Renaissance stairway in the castle park.

•••

Kautenbach

La partie est de l'"Éislek" est confinée par l'Our qui marque la frontière entre le Luxembourg et l'Allemagne – si jamais l'on peut encore parler de frontières dans une Europe ayant signé les Accords de Schengen. Ainsi, l'écrivain luxembourgeois Lex Jacoby refuse depuis belle lurette à ce cours d'eau la fonction de diviser des pays: "Dans les eaux de l'Our, tous les jours et toutes les nuits, des milliers de truites, des milliers d'anguilles et des milliers de barbeaux se promènent du Luxembourg vers l'Allemagne et de l'Allemagne vers le Luxembourg, friands tantôt d'un ver de terre grand-ducal, tantôt d'un trichoptère allemand. Truites, anguilles et barbues ne se soucient ni de douaniers, ni d'une bande frontalière – ligne imaginaire qui se proposerait de partager une rivière joyeuse en eaux rouge-blanc-bleu et noir-rouge-or."

Pintsch

Asselborn

•••

Im östlichen Teil des "Éislek" bildet die Our die Grenze zwischen Luxemburg und Deutschland. Wenn denn von einer Grenze im Europa des Schengener Abkommens überhaupt noch die Rede sein kann. Der luxemburgische Schriftsteller Lex Jacoby hat dem Gewässer längst seine ländertrennende Funktion aberkannt: "In den Wassern der Our wandern Tag für Tag und Nacht für Nacht tausend Forellen und tausend Aale und tausend Barben von Luxemburg nach Deutschland und von Deutschland nach Luxemburg und naschen mal einen großherzoglichen Regenwurm, mal eine Köcherfliege aus der Bundesrepublik. Forellen, Aale und Barben kümmern sich weder um Zollbeamte noch um den imaginären Grenzstrich, der einen fröhlichen Fluß in rotweißblaue und schwarzrotgoldene Wasser teilen möchte."

•••

In the eastern part of the "Oesling", the River Our forms the border between Luxembourg and Germany, if one can still talk of a border in the Europe of the Schengen Accord. The Luxembourg writer Lex Jacoby sought to deprive the river of its land-dividing function: "A thousand trout, a thousand eels and a thousand barbel swim through the waters of the Our, day after day and night after night, from Luxembourg to Germany and from Germany to Luxembourg, eating a Grand-Ducal worm here and a Federal fly there. Trout, eels and barbel worry not at all of customs officers or the imaginary boundary lines which would split this cheerful stream into waters of red, white and blue or black, red and gold".

Lellingen

Découvrir · discover · LUXEMBOURG · entdecken

Oesling · Haute-Sûre · Vallée de l'Our

Découvrir · discover · LUXEMBOURG · entdecken

Diekirch

Oesling · Haute-Sûre · Vallée de l'Our

Ettelbruck

Découvrir · discover · LUXEMBOURG · entdecken

Oesling · Haute-Sûre · Vallée de l'Our

Vianden

Découvrir · discover · LUXEMBOURG · entdecken

Oesling · Haute-Sûre · Vallée de l'Our

Haute-Sûre

Découvrir · discover · LUXEMBOURG · entdecken

Lac de la Haute-Sûre

Oesling · Haute-Sûre · Vallée de l'Our

Arsdorf

Découvrir · discover · LUXEMBOURG · entdecken

Dahl

Oesling · Haute-Sûre · Vallée de l'Our

"Es gibt noch Straßen, die zu keiner Ortstafel, aber ganz einfach in eine Lichtung führen. Ein guter Rat: Fürchte hier nicht den Nebel. Er ist nur Schleier, der blauäugige Steine und farblippige Blumen und Gold- oder Grünsträhnen verbirgt, die unter der Hülle warten. Keine Angst vor seinen Brockengespenstern, obwohl der Sagen viele hier bleiben."

Nic Weber, geboren 1926

Découvrir · discover · LUXEMBOURG · entdecken

Oesling · Haute-Sûre · Vallée de l'Our

Wiltz

Découvrir · discover · LUXEMBOURG · entdecken

Clervaux

Oesling · Haute-Sûre · Vallée de l'Our

Bourscheid

Découvrir · discover · LUXEMBOURG · entdecken

Oesling · Haute-Sûre · Vallée de l'Our

Weiswampach

Découvrir · discover · LUXEMBOURG · entdecken

Oesling · Haute-Sûre · Vallée de l'Our

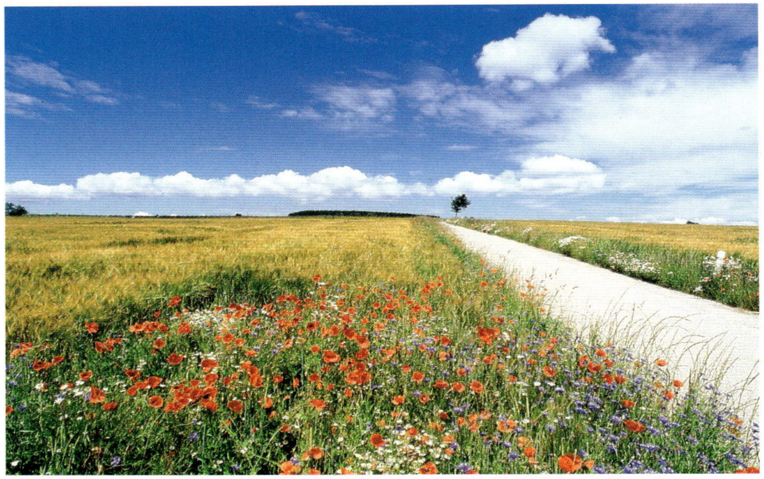

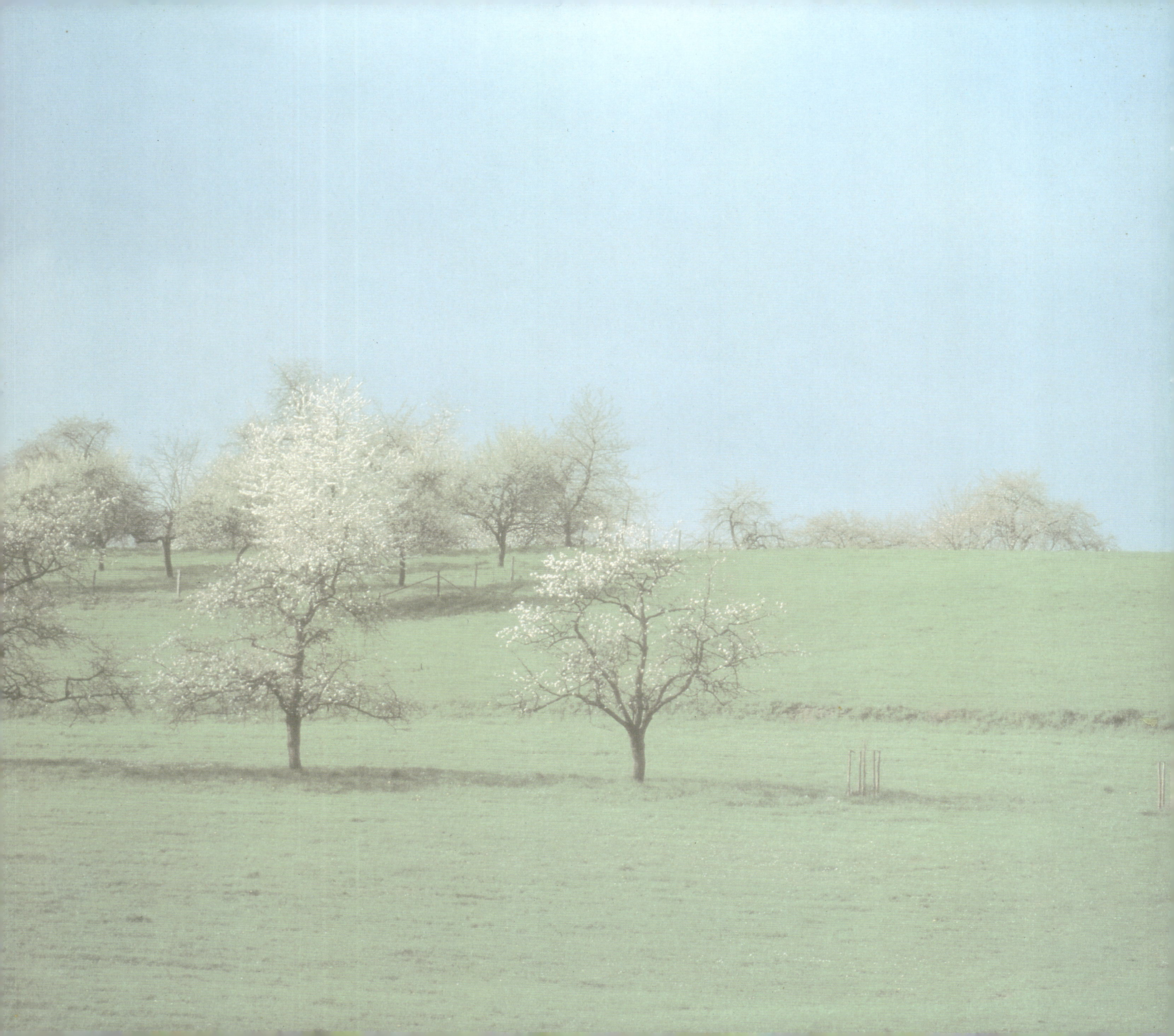